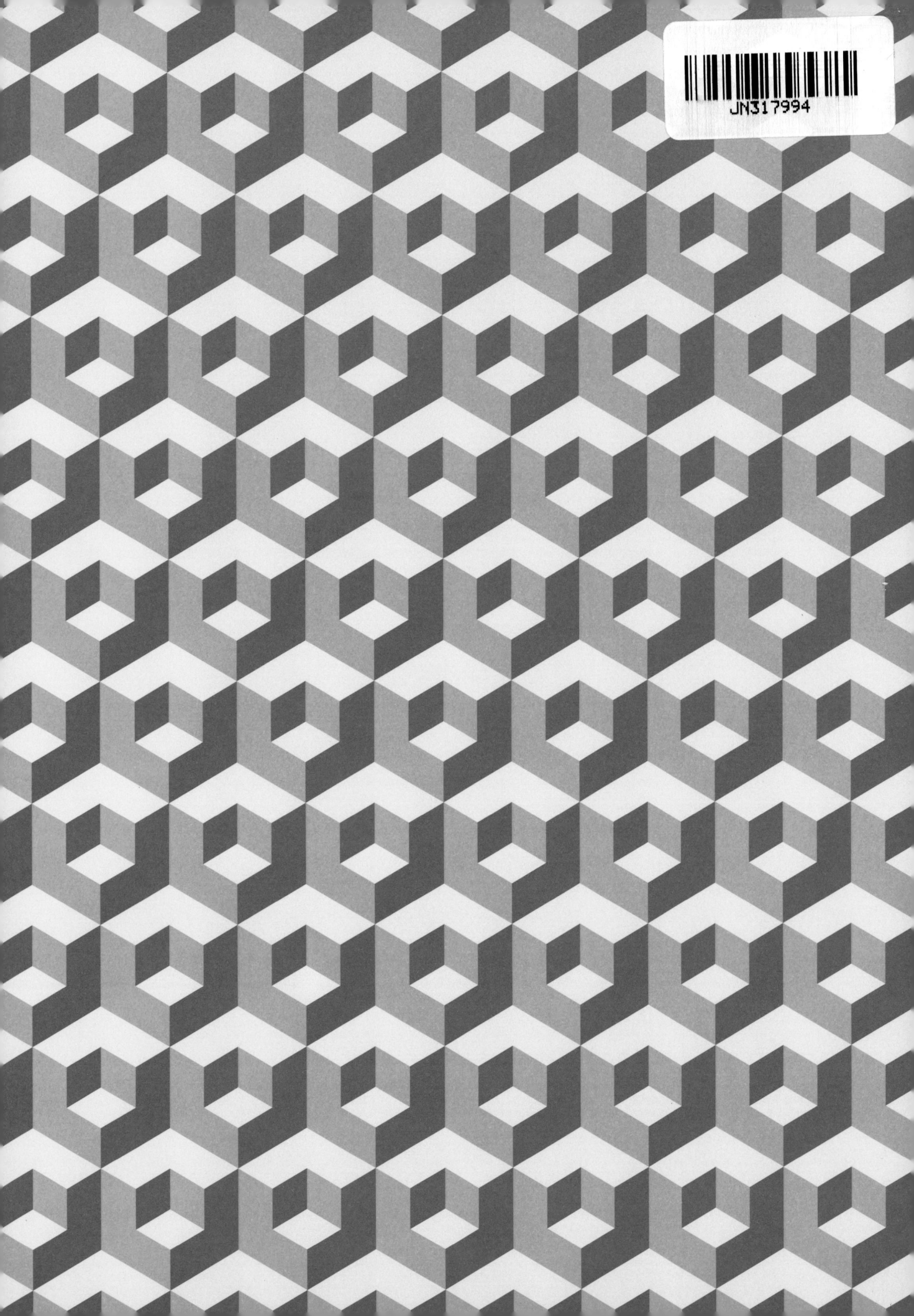

はじめに

「明日は漢字のテストをします」
という文は、1つの情報です。
　もし先生がそう言ったのなら、テストの準備をしなくちゃ、とプレッシャーを感じますね。
　ところが同じことばでも、それがマンガの主人公がふざけて言ったせりふなら、準備しようとプレッシャーを感じることはないでしょう。
　同じ情報を受け取っても、その人がどんな気持ちになるか、また、次にどんなことが起こるのかなどは、情報を受け取った人やその場面によってそれぞれちがいます。
　毎日のくらしがスムーズにいかないとき、情報のこのような性質が原因になっていることがよくあります。友だちや先生との関係がうまくいかない、思いがけずひどい目にあった、何かのできごとになっとくできない、そんなときには、もしかしてこのような情報のトリックに引っかかっているのかもしれません。
　この巻では、情報によってどのようなトリックが生まれるのか、いろいろな例を見ていきましょう。

よく考えて！説明のトリック

情報・ニセ科学

監修 曽木 誠
文 市村 均
絵 伊東浩司

岩崎書店

ウソ？ ホント？ トリックを見やぶれ
第3巻 よく考えて！ 説明のトリック……情報・ニセ科学

もくじ

◎第1章 ニセ科学を見やぶろう！ ③

- マイナスイオンって何？ ④
- 血液型で性格がわかるの？ ⑥
- 納豆を食べるとダイエットになるの？ ⑧
- 水はことばがわかるの？ ⑩
- ゲームと脳の関係は？ ⑫
- いったい科学って何？ ⑭

◎第2章 ことばのトリック ウソ？ ホント？ ⑰

- 臨時ニュースの真実は？ ⑱
- 伝えることはむずかしい？ ⑳
- ウソをつくと何が起こる？ ㉒
- 思いこみのわなに注意 ㉔
- 相手をあやつる会話とは？ ㉖
- 詐欺師はどのように人をだますのか ㉘
- 人はここでだまされる！ ㉚

◎第3章 その情報はホントかな？ ㉛

- 見出しの効果を知っておこう ㉜
- 番組にまぎれこむウソに注意！ ㉞
- そのグラフはほんとう？ ㊱
- 不思議なアンケート調査 ㊳
- SNSって何？ ㊵
- インターネットの情報とは？ ㊷
- 人類は月に行っていない？ ㊹

さくいん ㊻

よく考えて！
説明のトリック
情報・ニセ科学

第1章
ニセ科学を見やぶろう！

わたしたちは「科学」に対して自然な信頼を寄せています。
なぜなら、現代のくらしはさまざまな科学によって
ささえられていることを知っているからです。
そのぶん、わたしたちのまわりには、「科学」に見せかけた
あいまいな情報が流れていることも確かです。
つい信じてしまいそうな例を紹介しましょう。

マイナスイオンって何?

科学っぽく聞こえるかっこいいことば。ほんとうに信じていいのかな?

マイナスイオンでかみもしっとり!

エアコンから冷蔵庫まで

「深い森の中や水しぶきが舞う滝のそばでは、さわやかな気分になります。これは、マイナスイオンが発生しているからです」

このような説明とともに「マイナスイオン」が大きく注目されたことがありました。においをとりのぞく、除菌する、血液をきれいにする、アレルギーの症状をおさえるなど、いろいろな効果があると伝えられました。

家電メーカーはマイナスイオンを利用したエアコン、冷蔵庫、そうじ機、ヘアドライヤーなどをつぎつぎに売り出しました。

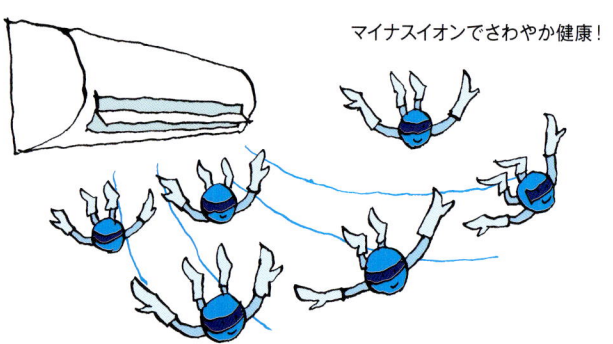

マイナスイオンでさわやか健康!

科学の世界にはないことば?

ところが科学者に聞いてみると、「マイナスイオンということばは、科学の世界ではほとんど使われません」というのです。

イオンとは電気をおびた原子(物質のいちばん小さいつぶ)のことです。ふつうは、マイナスの電気をおびたイオンは陰イオン(ネガティブイオン)、プラスの電気をおびたイオンは陽イオン(ポジティブイオン)といいます。

メーカーは気体の陰イオンをマイナスイオンといっていたようですが、これは発生させてもふつうは陽イオンと結びついてすぐに消えてしまいます。国民生活センター*は、きちんと効果を確かめずにメーカーが販売をしていると注意しました。

*国民生活センター……国民の生活の質を高めるために情報の提供や調査研究を行う団体。

かっこいい名前がポイント

マイナスイオンを売り文句にしたエアコンや冷蔵庫などは、いつの間にかひっそりと消えていきました。

それからそれぞれのメーカーは、独自に技術を発展させて、新しい空気清浄機やヘアドライヤーを売り出しました。パンフレットなどには、それらの技術がはたらくしくみも発表されています。そして新しい技術には、それぞれメーカー独自のかっこいい名前がつけられています。

科学のイメージにご用心

ものを売る側は、買う人に商品のすばらしさを伝えることが第一なので、その技術がどうすぐれているかを、イラストなどをまじえて魅力的に紹介します。商品の欠点や技術の問題点については、知らされないか小さく表示されているだけです。

一方、わたしたちは、
「これ、だいじょうぶなのかなあ」
と不安な気持ちでものを買うより、
「ああ、いいものを見つけたなあ」
と思って買ったほうが気分がいいでしょう。

魅力的な商品で買う人の気持ちをつかみたいメーカーと、「よいものを買った」と思いたいわたしたち。科学のイメージは、両方の気持ちを結びつけるのにとてもつごうがいいのです。

ただし、説明されていることが科学的に正しいか、確かに効果があるのかは別の問題です。科学的に聞こえることばに、「ほんとうかな？」と思う気持ちも大切です。

血液型で性格がわかるの？

A型はきちょうめん、B型はマイペース、O型は大らか、AB型はクール。そう言われているけれど、ほんとうかな？

……そうだな、わたしはAB型だからクールなのだ

わたしA型だから、きちょうめんなの

大規模な研究でもわからなかった！

性格から血液型を予想したり、逆に血液型からその人の性格やカップルの相性を言い当てたりする記事を、雑誌などで見た人もいるでしょう。

みんなも、友だちとそんな話をしたことがあるかもしれませんね。

人のからだに流れる血液は、その性質によっていくつかの型に分けることができます。よく知られているのは「ABO式」の分け方で、日本人の血液はおよそ4割がA型、3割がO型、2割がB型、1割がAB型です。

人の血液型と性格に関係があるかどうかは、100年近く前から話題になって、いろいろな学者が大論争をくりひろげたそうです。しかし、遺伝学や心理学にもとづいて何万もの人を調べた研究でも、はっきりした傾向は見つからず、ABO式の血液型と性格には関係がないということでこの問題は決着しています。

もし仮に関係があったとしても、とてもびみょうなもので、わたしたちの役に立つような、はっきりしたものではありません。

血液型の性格診断のトリック

「あなたはA型だから、意外とがんこな性格でしょう」。こう聞かれたら、どうでしょう。

いつもはそう思っていなくても、「そういえば、そういうとこあるかも」って思ってしまうかもしれません。

また、「きみはO型だから、ほんとうは大らかなはずですよ」といわれると、たとえ自分は気が小さいとなやんでいたとしても、自分は大らかなんだと思いたくなるものです。

性格診断では血液型に関係なく、たとえば「あなたはまじめそうですが、ほんとうはいたずらも好きです」というように、だれにでも思い当たる性格や、そうだったらいいなと思うような性格があいまいに書かれています。

そういうことばを聞くと人は「当たっている」と思ってしまうのです。この錯覚を「バーナム効果」といいます。

この錯覚を何度もくり返していると、自分は血液型診断で言われるような性格だといつのまにか思いこんでしまうこともあるそうです。

納豆を食べるとダイエットになるの？

健康やダイエットをすすめるために使われる科学のことば。
でもちょっと注意が必要です。

テレビのことばにご用心！

「納豆にはダイエットの効果がある！」
実験や外国人科学者のインタビューをまじえたそんな番組が、ある時テレビで放送されました。見ていた人の関心が高く、番組が終わるとコンビニやスーパーの売り場から、あっという間に納豆がなくなってしまったそうです。

ところがあとで、この番組の内容にいろいろとおかしい点があることが問題になりました。

たとえば、もとの研究をした人とテレビに出た科学者が別の人だったり、英語では「効果がある」とは言っていないのに、「効果がある」という日本語になっていたりと、内容のほとんどはウソだったのです。

わたしたちは、テレビに出ている人のことばをつい正しいと思ってしまいます。とくに、実験を見せられたり白衣を着た研究者が出てきたりすると、「科学的」だからと、その情報を簡単に信じてしまいます。しかし多くの場合、わたしたちにはその「科学」の内容がほとんどわかりません。

どのくらいの「量」かが大問題

　たとえばタマネギの成分を取り出して試験管の血液にまぜる実験で、コレステロールなどがとけて血液がサラサラになったとします。

　するとテレビでは、「タマネギを食べると血液がサラサラになって健康になる」などと放送してしまうことがあります。確かに、血液がドロドロだと血管がつまって、心臓などの重大な病気になる危険性が高くなります。

　しかし、タマネギの成分をまぜる実験で試験管の血液がサラサラになることと、タマネギを食べて人が健康になることとの間には、大きなへだたりがあります。

　食品の多くの成分は、消化によってばらばらになり別の物質に変わってしまうので、その成分が血液まで届くとはかぎりません。

　また、どのくらいの「量」を食べればよいのかがわかりません。

　よい情報かどうかを見分けるためには、「量」のことは、とても大切です。何十kgもタマネギを食べる必要があるかもしれないし、食べすぎると害になるかもしれません。

　実験で血液がサラサラになったからといって、じっさいに「タマネギを食べると健康になる」と言うことはできないのです。

　その証拠に薬をつくる場合は、「量」についてきびしく確かめられています。化学実験にはじまり、細胞や動物を使った試験、さらに何年もかけて人のからだで効果のある「量」を確かめて、ようやく薬として使えるようになるのです。

●

　科学的に見える情報がいつも正しいとはかぎりません。情報を発信することで「得をしよう」とする人たちは、その情報を「科学的に見せかける」ことがよくあるのです。

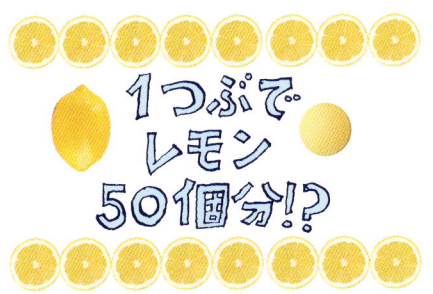

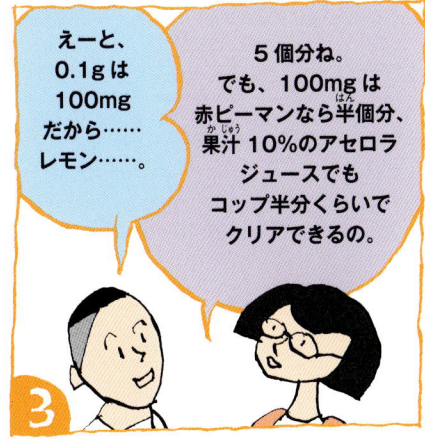

水はことばがわかるの？

見せることばによって水の結晶の形が変わる。
もしそうだとしたら、世紀の大発見です。

美しい結晶とみにくい結晶

　20年近く前、ある写真集がベストセラーになりました。その写真集には、雪のような六角形の美しい結晶と、みにくくくずれてしまった結晶とが比べられていました。本には外国の科学者や顕微鏡などの写真ものっていました。

　「ありがとう」ということばを紙に書いて容器にはりつけてこおらせた水は美しい結晶になり、「ばかやろう」ということばをはりつけてこおらせた水はくずれた結晶になったそうです。

　そのほかにもクラシック音楽をきかせた水のほうが、激しいロック音楽をきかせた水よりも美しい結晶ができるという写真も紹介されていました。

　この本が話題になってから、こんなことを言う人たちが出てきました。

　「人のからだの60〜70％は水でできているので、人に『ばかやろう』などというらんぼうなことばをかけると、その人のからだの中の水がくさってしまいます。ですから、友だちにはやさしいことばをかけるようにしましょう」

　たしかに、ひどいことばよりやさしいことばを使ったほうが、友だちとなかよくできるかもしれませんね。

　でも、あれれ？　最初は科学の実験をしていたはずなのに、いつのまにか道徳の話になっています。

科学の常識がひっくり返る

「だって、実験でそうなったのでしょう？」という疑問には、ぐうぜんにそうなっただけで、それは科学の実験結果ではなかったと答えるしかありません。これが科学の実験として成り立つには、「ありがとう」に対して「ばかやろう」の紙ではなく、まず何も書いていない紙をはった実験と比べなくてはなりません。

なによりも、ことばを理解するために必要な目や脳や神経をもたない水が人間のことばを理解するという説は、これまでの科学の常識を根底からひっくり返す説です。このようなときには新しい説を出した側が、多くの人をなっとくさせるだけの証拠を出すのが科学のやり方です。ところが、この結晶の本をつくった人たちは、多くの科学者をなっとくさせる論文を出すことはなかったのです。

「自然（水）とはこういうものです」と解き明かすのが科学です。「自然（水）はこう言っています」という自然の気持ちを科学で示すことはできません。

正しく比べることが大切

「『ありがとう』の紙をはるときれいな結晶ができる」と言うためには、「ばかやろう」ではなく、まずまったく同じ条件のもとで、何も書かれていない紙をはって比べなくてはなりません。

	きれいな結晶ができた回数	みにくい結晶になった回数
「ありがとう」と書いた紙をはる	A（70回）	B（30回）
何も書かない紙をはる	C（？回）	D（？回）

「〇〇は効果がある」ということを実験でしめす場合は、「〇〇」以外はまったく同じ条件の実験を行って、その結果を比べる必要があります。ここでは、何も書いてない紙をはった実験と比べてはじめて「ありがとう」という文字の効果がわかるのです。この場合、Cが70回以上（Dは30回以下）になる可能性もあるからです。同じように「ばかやろう」の文字も白紙と比べる必要があります。これは「対照実験（コントロール実験）」といい、科学実験の大切な約束なのです。

どんな結晶になるのかな？

ひどいことばかな？　　やさしいことばかな？

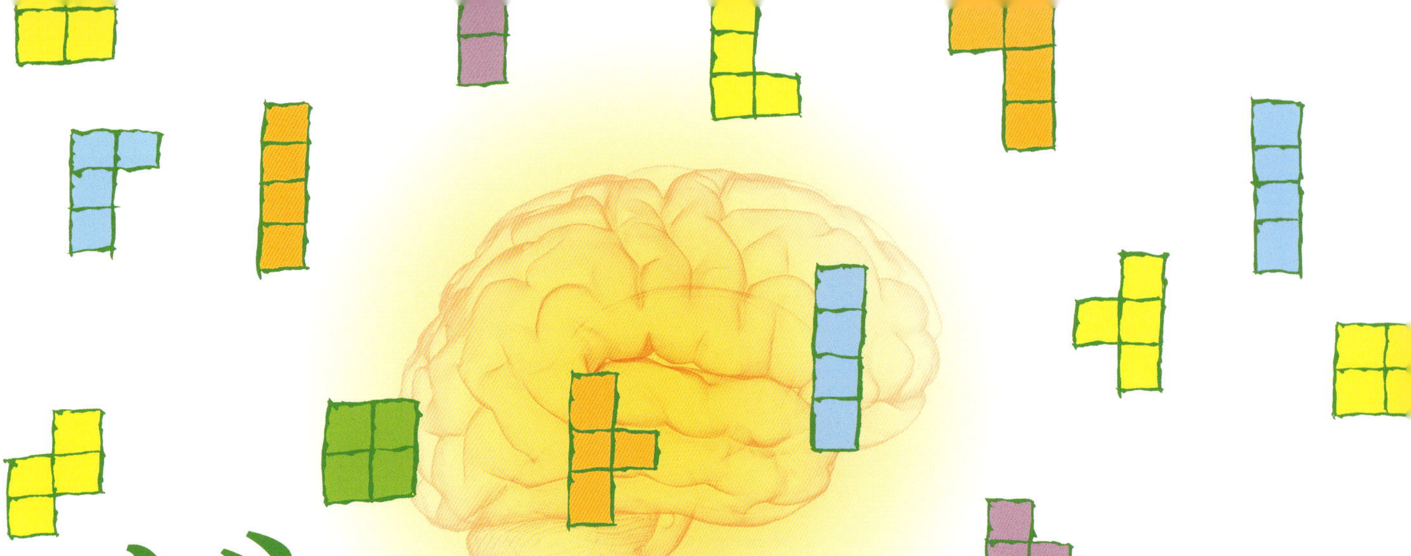

ゲームと脳の関係は？

ゲームをすると頭が悪くなるの？
それともよくなるの？
いったいどちらなのでしょうか。

「ゲーム脳」はほんとう？

「毎日2時間以上テレビゲームをしていると脳が痴呆状態になる！」

「子どもがキレやすいのは、『ゲーム脳』が原因！」

ドキッとした人、いませんか？ テレビや週刊誌でこんなニュースがひんぱんに取り上げられたことがありました。そのきっかけはある大学の教授が出版した本です。本の中で教授は自分の開発した装置で人の脳に流れるわずかな電流（脳波）をはかり、

・いつもゲームをしている人は、脳波に認知症患者と同じような特徴がある。

・ゲームをやりすぎるとこのようなゲーム脳の状態になって、脳のはたらきが低下する。

・ゲーム脳がキレやすい子どもや少年犯罪の増加の原因になっている。などと書きました。

多くの親や学校の先生などは、この本を支持しました。親や先生はどうしたら子どもがゲームに夢中にならずにすむかいつも頭をなやませていたからです。この教授の考えがゲームを制限するよい理由になると思ったのでしょう。

しかしその一方で、脳波の測定や科学の方法にくわしい科学者たちは、この本の実験が不十

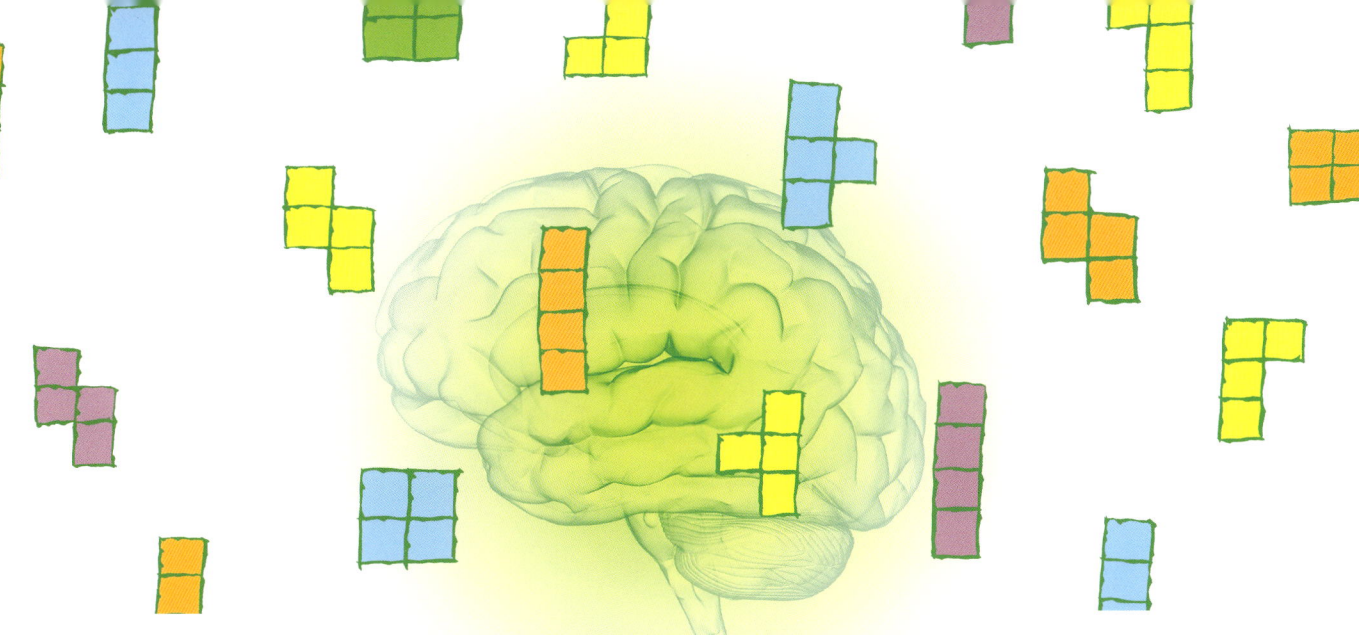

分であることを指摘しました。また、脳波や少年犯罪についての文に不正確なところがあることがわかってきました。いまでは、ゲームのやりすぎで異常な脳波になるという説を支持する人は少ないようです。

「脳トレ」は効果がある?

テレビゲームが悪者になる一方で、ゲームを脳のトレーニングに利用しようという科学者もいます。ゲーム機やドリルで計算問題をすばやく解いていくことで、脳を活性化させ、脳を若く健康に保ち、はたらきを高めることが目的だそうです。

解説の中で示された実験の結果では、簡単な計算をしているときには、脳の前頭葉という部分の血流が多くなって「脳が活性化する」そうです。

なんだが頭がよくなるように思えますね。

ところが、別の脳科学の先生は、脳の血流がよくなったことを「脳が活性化した」と言うことはできても、そのことで脳のはたらきがよくなった（つまり、頭がよくなった）とは言えないでしょうといっています。

このように、脳科学者という肩書きをもつ先生方が行った実験でも、周囲から科学的ではないといわれてしまうのですから、何がほんとうに科学的なのかを見きわめるのは、大変です。

しかし、少なくとも「脳によい」とか「よくない」などと紹介されることを、そのまま「科学的だ」と信じることはやめておきましょう。

「うたぐり深い」といわれてもかまいません。科学っぽく聞こえることばに対しては、それがほんとうかどうか確かめる気持ちを持つことが大切です。

いったい科学って何？

Nicolaus Copernicus
Johannes Kepler
Galileo Galilei
Isaac Newton

科学の役割は自然のしくみを解き明かすことです。しかし、自然はとても複雑なのです。

科学は書きかえを歓迎する

　太陽は毎日東からのぼって西にしずみます。それを見ているかぎり、太陽のほうが動いていると考えるのがふつうでしょう。ヨーロッパでもむかしはそう考えられていました。しかし、夜空の星の動きをくわしく観察すると、太陽が地球の周りをまわっているという考えでは、いろいろ都合が悪いことがわかってきました。

　16世紀にコペルニクスは、地球が1日に1回自転するから太陽が東からのぼるように見えると考え、地動説をとなえました。この考えのほうが、太陽が地球の周りをまわるという考えよりも惑星の動きをよく説明できたのです。

　しかし、なかなか多くの人には受け入れられませんでした。

　17世紀になると、ガリレオ・ガリレイが自作の望遠鏡で太陽、月、木星などを観察し、その結果、コペルニクスの考えを支持しました。

　科学は観察や実験から自然の法則を見つけ出します。そして、その方法を広くみんなに知らせて、その考えが正しいかどうかを問いかけるのです。

みなさん、これがわたしの考えです。どうぞこの考えのまちがっているところを見つけてください。

$E=mc^2$

　これが、科学の態度です。このように科学は、いつでも実験や観察によって新しく書きかえられる可能性を大切にします。そして、簡単には書きかえられなくなった考えが、科学的な事実として認められていくのです。

ニセ科学は人の心にしのびこむ

　科学っぽいことばで紹介され、科学だと主張する技術や研究の中には、科学とはよべないものがふくまれていることがあります。このようなものを「ニセ科学」とよんでいます。

　お金をもうけたいとか有名になりたいという人の中には、自分たちの成果（商品）をいかにも科学の成果のように見せかける人たちがいます。またインターネット、テレビ、新聞・雑誌などで情報を流す人たちも、その情報に関心をもってもらおうと、あたかも科学的な事実であるかのように伝えてしまうことがよくあります。

　その一方で、わたしたちは科学を信頼できるものだと思っています。科学はいつも新しいものを見せてくれるので、新しいものが大好きなわたしたちは科学のイメージに夢中になりやすいのです。

　ニセ科学にだまされてしまうのは、このようなわたしたちの心にも原因がありそうです。

科学的なもの	ニセ科学的なもの
専門家によって認められていることばを使う。	科学っぽいことばをかってにつくり出して使う。
専門家による審査がある雑誌に論文が発表されている。	専門の雑誌に論文を出さない。自分たちだけで本やパンフレットを出す。
ほかの人が試せるように実験のしかたをくわしく公開している。	ほかの専門家が同じ実験を試すことができない。
対照実験（11ページ）をふくんだ実験の結果が公開されている。	すべての実験結果が公開されていない。

第2章
ことばのトリック
ウソ？ホント？

友だちと会話をするとわたしたちは楽しくなります。
しかし、反対(はんたい)に会話によって悲しくなることもあります。
ことばには人を動(うご)かす不思議(ふしぎ)な力があります。
わたしたちはそんなことばの力を知っているので、ことばを使(つか)ってウソをつきます。
ことばによって人がどのようにあざむかれるのか、
ウソをめぐるいくつかの場面を見てみましょう。

臨時ニュースの真実は？

これは70年以上前に、じっさいにアメリカで起こったおそろしいできごとです。

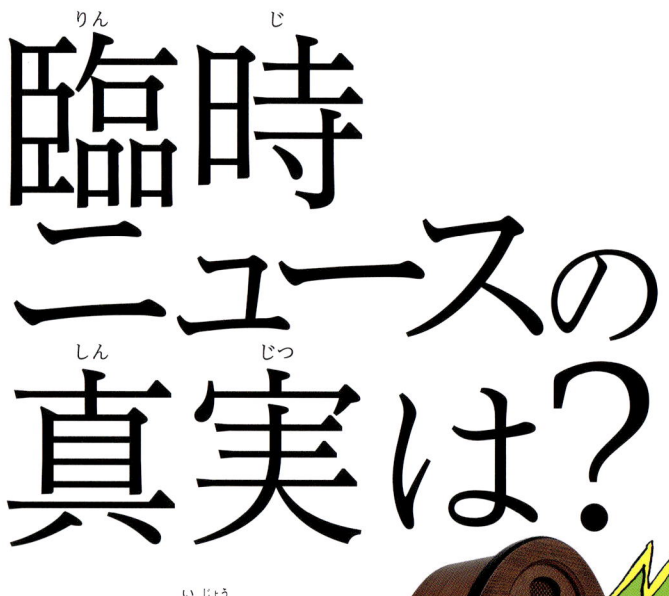

ラジオから流れる臨時ニュース

1938年の10月、ハロウィンの夜のことです。

このころはまだテレビはありません。夜はラジオをきくのが人びとの楽しみでした。人気のお笑いコーナーが終わると、多くの人はほかの番組をチェックしようとダイヤルを回しました。するとある番組の音楽がとつぜんとぎれて……。

「臨時ニュースです。天文台によると7時40分ごろ、火星の表面で白く光る爆発が観測されました。光はものすごい速度で地球に向かっているということです。この件については、情報が入りしだいお伝えします」

しばらく音楽が流れ、次の曲が始まったとき、

「再び臨時ニュースです。ただいまトレントンの郊外に、巨大な火の玉が落下しました。現在中継車が向かっております」

と続報が入りました。

次の中継は現場からでした。

「ああ、巨大なクレーターができています。木が何本もなぎたおされています。隕石ではなさそうです。えー？ 何かおかしいぞ」

「前に出ないで！」ラジオからは集まった人を制する警官の声も聞こえます。

「あ、何か物体があります。物体のてっぺんはふたです。く、くるくると回っていますっ」

「あー、はずれたー」

「な、なんか出てきたぞ。こっちを向いた！」

「緑色だ、か、怪物だ、あー光線を発射したっ」

「ズドーン」

その瞬間音声がプツッととだえました。

スタジオはイライラしています。視聴者から電話がじゃんじゃんかかっています。ようやくアナウンサーが、

「ただいま現地から報告がありました。犠牲者が出ています。ひどい状況です。あ、政府から発表があったようです。えーと、トレントンに着陸した物体は……え？ えー、か、か、火星人です、火星からの侵略軍です。うあああああ」

広がるパニック

　アメリカのあちこちでパニックが起こりました。ある人は家から飛び出し、道路は大渋滞。勇かんな住民が銃をもって集まり、火星人を探しに出ました。遠くで銃声が聞こえます。「ガスマスクをくれー」「あたしを連れてってー」「もうだめ、もう終わりだわ、ああわわわわー」と大混乱になりました。

　やがてラジオからこんなメッセージが流れました。
　「みなさん、作家のオーソン・ウェルズです。ハロウィンの夜にお送りした火星人襲来のドラマ、十分お楽しみいただけましたでしょうか」
　ラジオから流れていたすべての音声は、ドラマだったのです。

　じつは、番組の最初にこれからドラマを放送しますという断りがありました。しかし、とちゅうからダイヤルを合わせた人が多かったため、市民はすっかり信じて、あちこちでパニックが起こり、語りつがれるほどの大事件となってしまったのです。

　ラジオはことばと音、テレビはことばと音と映像で世の中のことを説明します。しかし、その説明がぜんぶほんとうとはかぎりません。

伝えることはむずかしい？

ことばという情報が人に伝わっていくとき、どのようなことが起こるのでしょうか。

伝言ゲームをしてみよう

　簡単な話をつくって、伝言ゲームをしてみましょう。5〜6人で1つの班をつくり、3班くらいで行って結果を比べてみるといいでしょう。最初の人の話が最後の人にどう伝わるでしょうか。きっと、びっくりします。

例 紙に書いた同じ話を各班の代表が記憶して、自分の班の最初の人に伝え、つぎつぎにその内容を伝えていきます。

> 怪獣映画を見ていたたけしくんは、お母さんにくだものを買ってくるようにたのまれ、これが終わったらって言ったらおこられた。おかあさんは怪獣よりこわいと思った。

> 怪獣映画を見ていたたけしくんは、お母さんにりんごを買ってくるようにたのまれ、ことわったら、いきなり怪獣みたいな顔でおこられて、こわいと思った。

> 体重計を見ていたたけしくんは、お母さんがりんごも食べなさいとおこっていて、いやだっていったら、お母さんはいきなり恐竜に変身した。

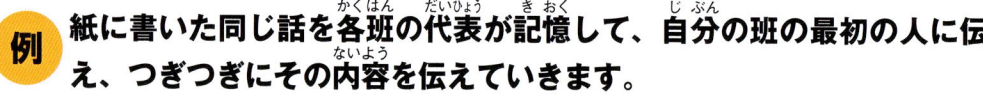

> 体重計の上でたけしくんのお母さんが恐竜とたたかっていた。恐竜はパンチをおみまいされてこわくなって逃げ出した。

> たけしくんが体重計を見ていると、恐竜に変身したお母さんがあばれていて、リングに上がりなさいといった。恐竜が本気だったので、こわかった。

> お母さんは強いんだね。

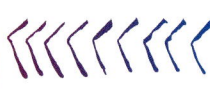

どんなときにまちがうのかな

◎似た音のことばを聞きまちがえる

音やリズムが似ていることばは、別のことばにかわってしまうことがよくあります。

> 怪獣映画（かいじゅうえいが）
> ↓
> 体重計（たいじゅうけい）
>
> りんごも食べなさい
> ↓
> リングに上がりなさい

◎具体的なものに変えてしまう

頭の中で具体的なものを思いうかべてしまうと、逆にまちがえてしまいます。

> くだものを買ってくるように
> ↓
> りんごを買ってくるように

◎似たような意味のことばに変わってしまう

ストーリーでおぼえていると、正確なことばがおぼえられません。

> これが終わったらって言ったら
> ↓
> ことわったら
>
> あばれていて
> ↓
> たたかっていた

◎イメージが混乱してしまう

> 怪獣映画＋いきなりおこられて
> ↓
> いきなり恐竜に変身した

◎かってに話をつくってしまう

> パンチをおみまいされて
> こわくなって逃げ出した

文字で書いても伝わらないこともある

つぎの文を絵にかいてみましょう

「ここではきものをぬいでください」

（ここで、はきものをぬいでください。）

（ここでは、着物をぬいでください。）

「ぱんつくったらほめられた」

（パンつくったらほめられた。）

（パンツ食ったらほめられた。）

ひらがなやカタカナだけの文では、句読点の位置や漢字などの使い方によって、まったくちがう文になってしまいます。

ウソをつくと何が起こる？

人はどんなときにウソをつくか、どうしてウソをつくのかを考えてみましょう。

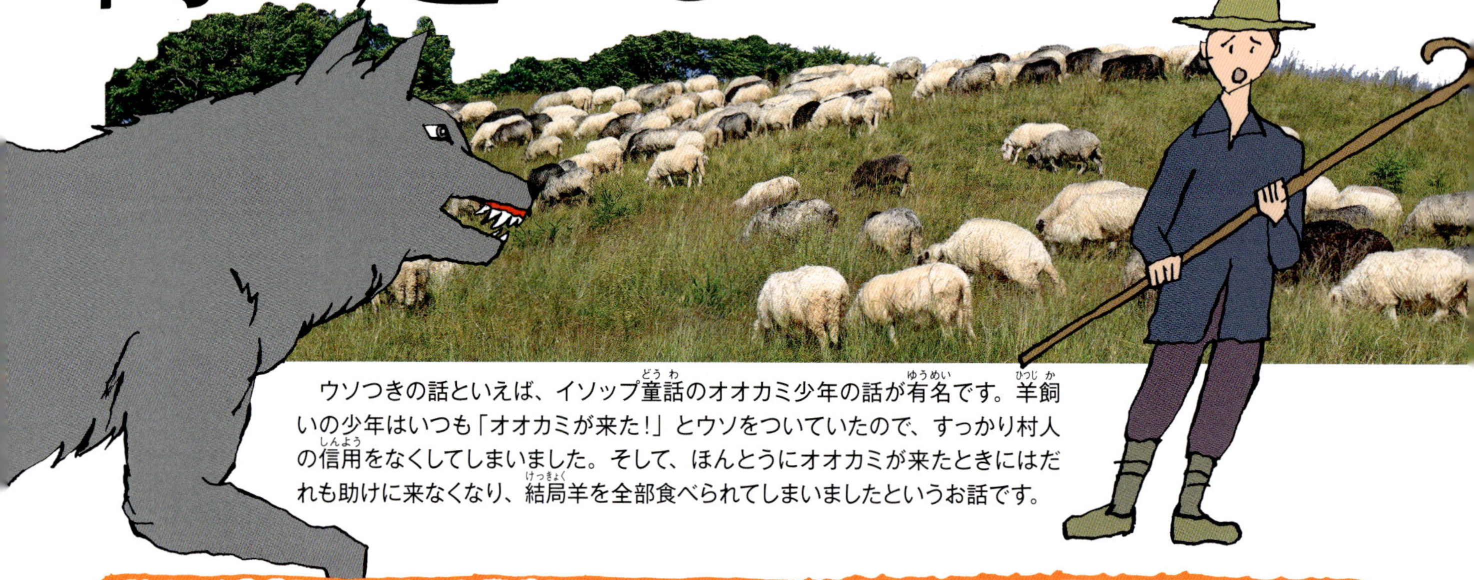

ウソつきの話といえば、イソップ童話のオオカミ少年の話が有名です。羊飼いの少年はいつも「オオカミが来た！」とウソをついていたので、すっかり村人の信用をなくしてしまいました。そして、ほんとうにオオカミが来たときにはだれも助けに来なくなり、結局羊を全部食べられてしまいましたというお話です。

ウソをつくとき

「ウソをついたことがない」という人はいますか？

「もう歯はみがいたの？」「うん、みがいたよ」
そんな軽い気持ちでウソをついてしまうこともあるでしょう。

ところが、ウソをついたことでとり返しのつかないくらい重大なピンチをむかえてしまうこともあります。それどころか、ウソで一生を棒にふった人は数知れません。

人はどんなときにウソをつくのでしょうか。

ウソはこんがらがる！

一度ウソをつくと、そのウソがばれないように、また次のウソをつくことになってしまいます。

- 「キミはそこにいなかったの？」
- 「いや、ちゃんといたよ」
- 「じゃあ、雄大もいっしょだったよね」
- 「え、ああそうだ、いたいた！」
- 「ウソつけ。雄大はぼくといっしょにいたんだ」
- 「え、そ、そうだ。雄大じゃなくて翔太だった」
- 「えー、翔太は昨日塾に行ってたよ」
- 「えーと、えーと」

ウソをつくとどんな気持ち？

また、「ウソも方便」ということわざがあるように、小さなウソが物事をうまく進める助けになることもあります。ただし、ほとんどの場合、ウソをつくと悲惨な結果になるものです。

- 気持ちが晴れない。
- 人のことばが信用できなくなる。
- 人が悲しむ。
- 自分を責めたくなる。
- 信頼をなくす。
- 表情が暗くなる。
- 友だちがいなくなる。

ウソがばれるとき

心理学などによって、人がウソをついているときのようすが研究されています。

「原子力発電所は、完全にコントロールできています」

手に汗をかく、ドキドキしているのをかくそうとする。

「そのようなことは、あり得ないと思います」

いつも使わないようなきちんとしたことばで話す。

「あはは、そうですね（ドキドキ）」

笑っていても目元がきんちょうしている。

「夜9時ですか、そういえばサッカーのニュースをやってましたよね」

信じてもらおうとよけいなことまで言ってしまう。

「（友だちなのに）〇〇さんとは、あまり親しくありません」

自分は関係ないということを言いたがる。

パチパチパチ
まばたきがふえる。
パチパチパチ

思いこみのわなに注意

同じものでも、名前の印象や説明のしかたで頭の中にまったくことなったイメージがうかびます。

ナゾの危険物質？

DHMOという物質があります。DHMOとは Dihydrogen Monoxide（ジハイドロジェン・モノオキサイド）を省略してよぶ名前で、日本語では一酸化二水素ともよばれる化学物質です。においや味、色はありません。

この物質には、次のような特ちょうがあります。

DHMOの特ちょう

- がん細胞には必ず多くのDHMOがふくまれている。
- 酸性雨の成分の大部分はこの物質である。
- 世界中の海や湖、川などで多く発見されている。
- 気体になると空気中をただよう。
- 原子力発電にはなくてはならない。
- 海で死亡した人の肺の中からは、いつも液体のこの物質が見つかる。
- すでに南極、ヒマラヤ、アマゾンなどでも発見されている。

世界はこのDHMOにすっかりおかされているといってもいいのです。ところが、世界保健機関（WHO）も日本の厚生労働省も、このDHMOを食品や飲料に使うことを禁止してはいません。

このことを調べていたりょう太くんは、通っている塾で理科のれい子先生に聞きました。

先生、DHMOはこんなに危険なのに、なぜ禁止されないのですか？

水の性質が、左にあげた特ちょうにあてはまるかどうか、もう一度確かめてみましょう。その特ちょうがウソではないことがわかるでしょう。

身近なものでもよび名や紹介のしかたによって、とても危険なもの、あやしいものに聞こえてしまうことがあります。

クイズ！
日本で大切にされている次のおそろしいものは何？ 正体は1つ。

Q
- 犯罪者のほぼ全員が口に入れたことがある（1）。
- 年の初めには、よくぎせい者がでる（2）。
- 接着剤としても使われた物質（3）。
- 菌とまぜてできた液体は交通事故の原因になる（4）。
- 江戸時代は大名の財産の目安だった（5）。

A
答え　お米

（1）は、ご飯。（2）は、おもち。（3）は、のり。（4）は、お酒。（5）は、石高。みんなお米についての説明だよ！

相手をあやつる会話とは？

思わずだまされてしまう会話のテクニックを研究してみましょう。

いつの間にか思わぬことに

勇太くんは質問をしているだけで、まんまとケン太くんのお金でマンガを買い、ケン太くんより先に読むことに成功しています。

この会話のポイントは、2つあります。

1．勇太くんは、ケン太くんが「はい（そう、うん）」か「いいえ（ううん）」で答えるだけですむ質問を続けています。ケン太くんは、考えるよゆうがないまますぐに答えてしまいます。

2．ここでは会話をしているようでいて、じつは勇太くんがケン太くんを誘導しています。ケン太くんは勇太くんが自分のことをよくわかっていると安心して、あまり考えずに相手の期待通りの返事をしてしまったのです。

商品を売るセールスマンは、何げない会話をするうちに相手の気持ちを読みとって、いつの間にかものを買わせてしまうテクニックを使うそうです。会話によって相手を自分の思う方向にみちびくことは、決していけないことではありません。セールスマンだけでなく、弁護士、検察官、カウンセラー、占い師など、相手と会話をしながら仕事をする人であれば、みんな試していることでしょう。

じっさいには、ことばのやりとりだけでなく、相手の表情やしぐさ、いつものようすとのちがいなど、いろいろな情報をあわせて、じょうずに会話をみちびくのです。

マンガや小説などでも、思わぬ方向に展開していく会話が出てくることがあるので、注意して読んでみましょう。

詐欺師はどのように人をだますのか

人はどんなときにだまされてしまうのか。
有名な詐欺師のお話です。

エッフェル塔を売った男

フランスの首都パリを象徴するエッフェル塔は、1889年の万国博覧会のために建てられ、長い間世界一の高さをほこっていました。

しかし、芸術家をはじめ古き良きパリを愛する人びとはこの巨大な鉄塔を、パリの美しさをそこねる建造物としてきらっていました。

あるとき、エッフェル塔の維持や管理にお金がかかって政府が困っているという記事が新聞にのりました。

そして数日後、政府の封筒を使った手紙がいくつかの解体業者のもとへ届いたのです。

「政府はエッフェル塔を売りたがっています。解体すれば大量の鉄くずが出ます。ついては工事の入札を行いますので、ホテルにお集まりください。ただし、国民に知れると大さわぎになるので、このことは内密に」

大もうけができるかもしれない、そう思った解体業者たちがその高級ホテルに集まりました。ホテルの会議室には物腰のやわらかな紳士が待っていました。

政府の関係者だというその紳士は、みんなを

エッフェル塔に案内しました。そして、強く興味を持ったある男を選んでその紳士は、
「この仕事を確実にとるために、念のため役人にお金を渡しておきましょう」
そういって賄賂を出すように入れ知恵したのです。
その男は仕事をたのまれるのを期待して、紳士に多額のお金をあずけました。

もちろん、お金を受け取った紳士はそのまま姿をくらましました。
紳士の名前は、ビクトル・ルースティヒ伯爵。ヨーロッパとアメリカをまたにかけ、後に「エッフェル塔を2度売った男」ともいわれた有名な詐欺師です。
はじめこの話はニュースになりませんでした。なぜならだまされた男は、最初は信じられず、わかってからもはずかしくて名乗り出られなかったからです。そこでルースティヒ伯爵は、次の年にもまた同じ手口でエッフェル塔を売りに出したそうです。

だまそうとする人はまず相手によい印象を持たれるように近づきます。すぐに肝心の話を始めるようなことはしません。強い主張はひかえて相手の動きを受け止め、自然にコミュニケーションが始まるまでじっくりと相手を観察するのです。
見栄っ張りだったり、せっかちだったり、家族に引け目を持っていたりと、だれでも何かしらの弱いところを持っています。信用されたころを見はからって、相手の弱いところを利用し、いつの間にかわなにかかるようにしむけるのです。
「自分はだまされてなんかいません」
じょうずな詐欺師にかかった人ほど、自分がだまされていることを信じないものです。

人はここでだまされる！

外見や接し方
すてきな服装、やわらかい物腰、ていねいな話し方にだまされる！

人をだまそうとする人間は、だます人から信頼されるように行動します。自然に親切にふるまって親しくなろうとします。

プライドをくすぐる
「あなただけ特別に」「これが似合うのはあなただけ」などのことばに注意！

人は自分が他人とはちがう特別な存在だといわれると、いい気持ちになるものです。そして、相手につい気をゆるしてしまうのです。

権威や名前
政治家の肩書き、企業の偉い人や有名人と知り合い、といったことに弱い！

人からの信頼を得るために、だます人は政治家の秘書、役人、有名人といった肩書きを使って、自分の立場や話をほんとうらしく見せます。

足りない時間
「今決めないと損！」「数量限定セール」「期間限定セール」などでつい！

相手をだませそうだなと思ったとき、だます人間は時間がないことを強調して、一気に成果を得ようとすることがあります。

ライバルの動向
「みんな持っている」「○○さんはもう買った」などで不安になる！

ほかの人や流行などの情報を伝えて、取り残されているのではないかと不安にさせるのも、だます人のテクニックです。

正義感にうったえる
「○○さんがきっと喜ぶ」「多くの人に夢を与えて」などに気持ちが動いて！

相手がよい人や正義感の強い人だということがわかると、だます人はそれを利用し、相手の正義感にうったえて決断をせまります。

人は、自分の考えや思いが正しいか確かめたいときに、自分にとってつごうのよい情報だけに注目し、つごうの悪い情報には目をつむってしまう傾向があります。だれにでもある心のはたらきで、心理学では「確証バイアス」とよんでいます。

よく考えて！
説明のトリック
情報・ニセ科学

第3章 その情報はホントかな？

わたしたちは、テレビや新聞、インターネットなどから
さまざまな情報を手に入れることができます。
わたしたちに伝えられる情報は、すべてが正しいものとはかぎりません。
新製品を売り出したい、ニュースを広めたいなど、
情報は送り手のつごうによっておおげさになったり、
ウソがまぎれこんだりします。
どんな情報がどのようにわたしたちに届くのか、見ておきましょう。

見出しの効果を知っておこう

ニュースの記事では、見出しの文章によって事件の印象がちがって伝わります。

見出しを比べてみよう

新聞、雑誌、インターネットなどで事件を報道する記事には、ふつう見出しをつけます。見出しは記者や記事をまとめるデスクなど編集部の人が、少しでも記事に興味を持ってもらおうとくふうしてつけています。

架空の街「夕焼け商店街」で昨日起きた事件の記事に見出しをつけてみましょう。

事件の記事

〇月〇日午後4時ごろ、夕焼け商店街の山中鮮魚店の店先で、町内の目黒とも子さんが購入したサンマ5匹のうち、1匹が行方不明になった。通報を受け、商店街警察署が捜査員2名を動員してその行方をさがしたところ、午後4時32分、次田接骨院の裏庭で行方不明になったと思われるサンマのしっぽが見つかった。

捜査関係者は「角を曲がる白黒のネコを見た」という近所の桜田順三さんの証言を得ており、引き続き総動員態勢で犯人の行方を追っている。目黒さんの長女ハルカさんは、「わたしの分はいいよっておばあちゃんはいうけれど、くやしい。食べてもらいたいので返してほしい」と犯人に訴えた。

だいすけくんがつけた見出し
白と黒のブチネコを目撃！
夕焼け商店街でサンマが行方不明

ゆうかさんがつけた見出し
おばあちゃんの分を返して！
夕焼け商店街サンマ行方不明事件

右のだいすけくんがつけた見出しを読むと、自分が刑事になったような気分になって、「いったいだれが犯人だろう」と、捜査の成り行きがとても気になります。

左のゆうかさんがつけた見出しは、犯人がゆるせない、おばあさんにもサンマを食べさせたいという被害者の気持ちが伝わり、同情したくなります。

見出しの文によって読む人の気持ちや考えを一定の方向にみちびくことができるのです。新聞や雑誌では、このような見出しの効果を考えて情報が流されています。

いろいろな見出しご用心？！

ネットニュースの記事

温暖化で逆に雪が多くなり氷が増えることもあります。無理やり大事件に見せかけている見出しです。

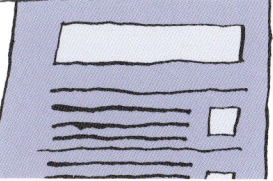

ネットNEWS
ホーム 国内 国外 経済 芸能 スポーツ 科学

南極の氷が増加
地球温暖化は終わった？

電車の中づり広告

1人に1億円が当たるとはかぎりません。1万円が1万人に当たると総額は1億円になります。

新聞の報道記事

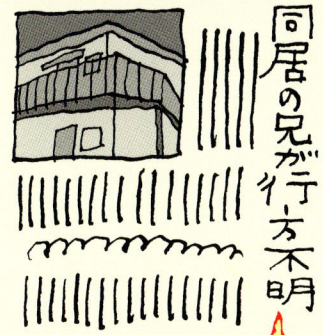

女性の死体発見！
同居の兄が行方不明

まだ何も判明していないのに、犯人は同居していた兄ではないかと思わせている見出しです。

雑誌の記事広告

お肌ツルツル美人の湯

このページは全体が広告です。雑誌などでは記事のような広告が多く、区別がつきにくいことがあります。

「イメージです」って何？

高級おせち ご予約 受付中!!
※写真はイメージです

広告の写真に、「※写真はイメージです」と書いてあることがあります。これは、「じっさいとはちがう場合があるので、あらかじめお断りしておきます」といった意味です。利用者からクレームがこないように広告主がつけ加えているのです。

33

番組にまぎれこむウソに注意！

テレビ番組で流れる情報はすべてがほんとうだとはかぎりません。

思いこみとデータ

日本の法律では20さいに満たない人を少年といい、少年が犯した罪のことを「少年犯罪」といっています。

少年が殺人事件などを起こすと大人の犯罪よりも大きなニュースになって、テレビのバラエティ番組などでもさかんにとり上げたりします。

こんなときにコメンテーターの人は、「ざんにんな少年犯罪が目立ちますね」とか、「少年の凶悪犯罪が増えている理由は……」などというでしょう。そして、その番組を見たわたしたちは、「困ったものだ」「こわい世の中になってきたな」と思ってしまいます。

しかし、少年犯罪はじっさいに増えているのでしょうか。

ここに、およそ80年前からの資料があります。これを見てもわかるように、殺人事件で逮捕や取り調べを受けた（検挙された）少年の数やその割合は、1950年代にくらべて5分の1くらいの低い値が続いています。

最近のできごとや身近に起きたことは、とても強く印象に残るものです。テレビ番組をつくる人や出演者は、ときとして事実に照らし合わせることなく、その強い印象をそのまま情報として発信してしまうことがあるのです。

未成年の殺人犯検挙件数と少年人口（10〜19さい）10万人当たりの比率

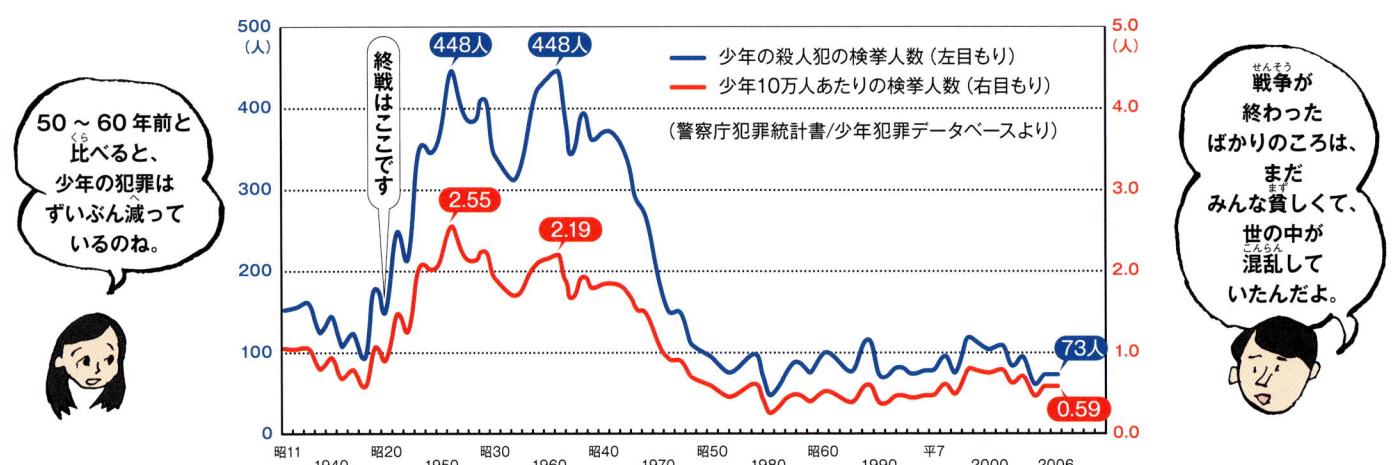

「演出」「やらせ」「捏造」って何？

　ドキュメンタリーとは、つくり事をまじえずに実際に起きたことをそのまま記録してつくられた作品です。テレビでもよくドキュメンタリーの番組が放送されます。また、ニュースやバラエティ番組の中でも、ドキュメンタリーを放送するコーナーがあります。

　テレビのスタッフはできるだけ多くの人に見てもらおうと、いろいろなくふうをしながら番組をつくっています。ドキュメンタリーをつくっている人の頭の中では、こうなればおもしろくなる、刺激的になる、おどろいてもらえるといった考えがいつもうかんできます。

　ところが「こうなれば」から「こうすれば」へと考えを進めて、それを実行してしまう番組があります。

　たとえば以前、ヒマラヤの奥地に探検に行くあるドキュメンタリー番組で、現地の人にお金を渡して儀式をさせたり、スタッフに高山病のまねをさせたりして大きな問題になったことがありました。また、特定の食品が健康によいという説を広めるために、正しい実験に見せかけたり研究者のことばをつごうよく使ったりして、放送が打ち切りになった番組もありました。

　このように、あらかじめだれかに演技をさせて実際に起きたことのように見せてしまうことを「やらせ」、起きていないことを起きたように見せてしまうことを「捏造」などといいます。

　もちろんドキュメンタリー番組でも撮影したものをそのまま放送するわけではありません。見る人が興味を持てるように、場面を切りかえ、ナレーションや音楽を入れたりして効果的な「演出」をしています。しかし、テレビ番組では「演出」を超えた「やらせ」や「捏造」が行われることもあるようです。

1. ちょっと待って！／なんか迫力ないなあ。
2. 風ふかせますか？
3. よし、うーん、まだ迫力ないなあ。
4. 雨も降らせますか？
5. よし、うーん、でもまだ何か足りない！
6. そうだ雷の音と光を、入れて…／次、どうしましょう？
7. がけくずれを起こそう！爆薬を持ってこい！

そのグラフはほんとう？

数の変化や割合がひと目でわかるのがグラフ。しかし、ウソがまぎれこんでいるかもしれません。

円グラフのトリック

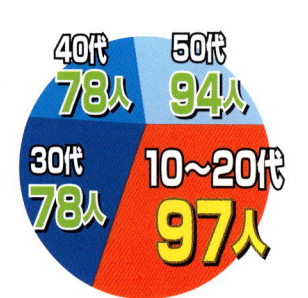

あるときテレビで上の円グラフが示されました。悪いことをした警察官の年代別の比率です。

10～20代が97人と面積も広く、若い警察官の割合が大きく見えます。しかし、10代（18歳と19歳）と20代を1つにまとめています。しかも50代の94人と3人しかちがいません。これでは、正しい円グラフ（下）にしたとき、ちがいが目立たないのです。

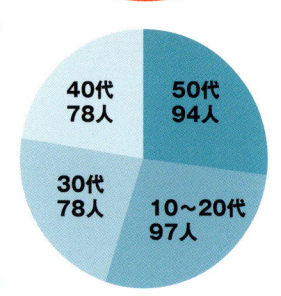

そこで上のグラフでは、むりやり中心を上にずらし、若い警察官の割合を大きく見せています。さらに、赤色で目立たせて、いかにも若い警察官の不祥事が多いように見せているのです。

折れ線グラフのトリック

これもあるテレビ番組で紹介されたグラフです。青い線は1年間に1人が吸うたばこの量、赤い線は肺がんの死亡率の変化です。これだけを見ると、たばこを吸う量がへると肺がんで死亡する人が増えるように見えます。

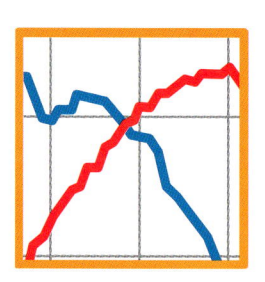

※1968-1992年

ところがこのグラフは下のグラフの一部だったのです。長い期間のデータで見ると、たばこを吸う量が増えると後から肺がんの死亡率が上がっていき、量がへるとやがて死亡率も下がってくることがわかります。

たばこの消費量と肺がんの死亡率
（アメリカ合衆国、1900年～2010年）

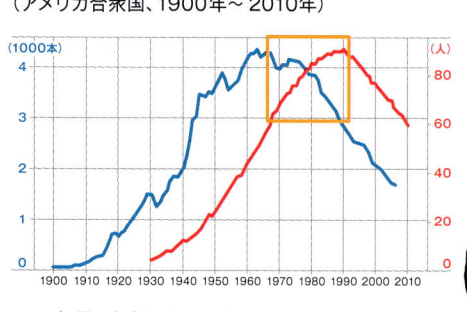

― 年間1人当たりのたばこの消費量
― 男性の肺がん死亡率（10万人あたり）

> えー、信じられない。ひどくない？

> よし、この手を使って母さんをごまかせるぞ。

●グラフの基本

棒グラフ 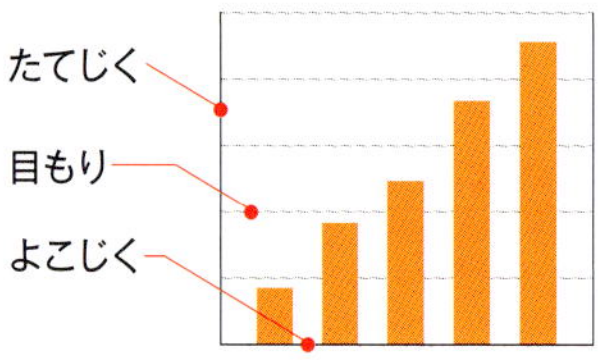
たてじく／目もり／よこじく
量の大小を棒の高さであらわす。

折れ線グラフ 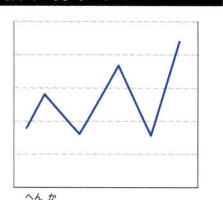
量の変化を線のかたむきであらわす。

円グラフ 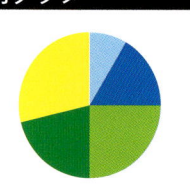
全体に対する割合を扇形の面積であらわす。

複合グラフ（棒グラフと折れ線グラフ） 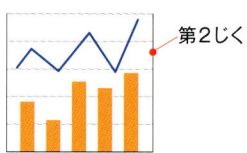
第2じく
2つ以上のデータのまとまりを一度にあらわす。

36

目もりとじくのトリック①

グラフはじくや目もりを調整すると、データの見え方がずいぶん変わります。上と下はどちらも同じデータからつくったグラフですが、どこがちがうのか見てみましょう。

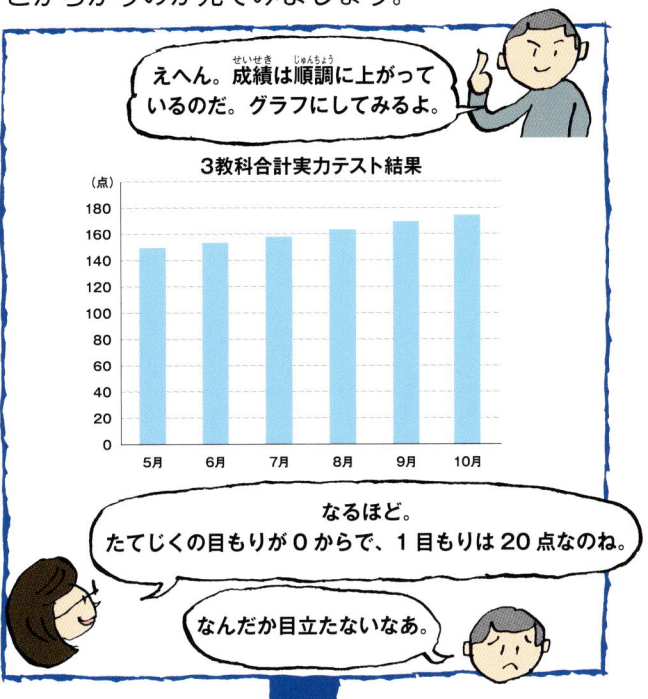

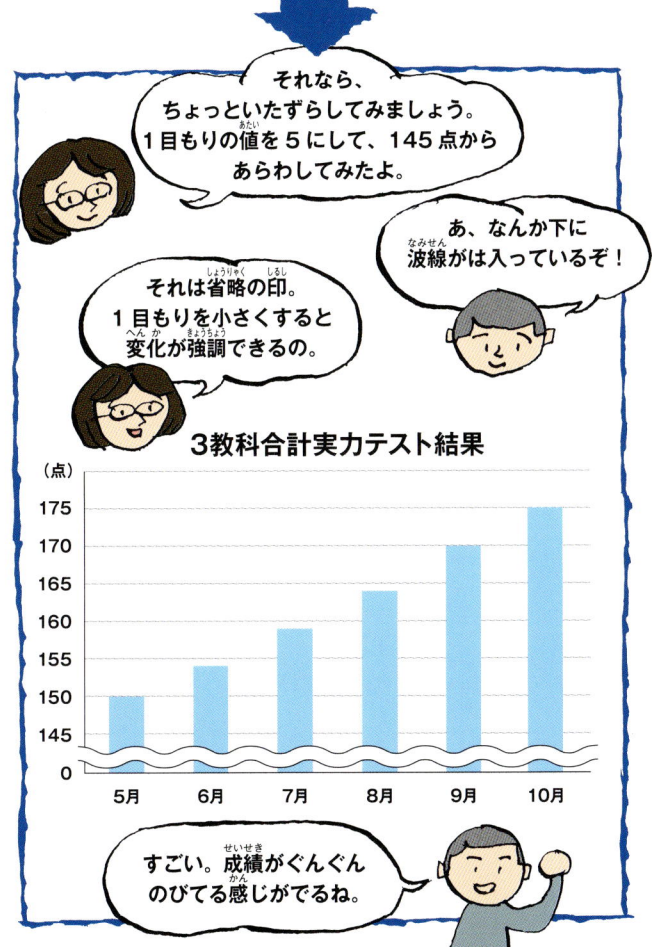

> えへん。成績は順調に上がっているのだ。グラフにしてみるよ。

3教科合計実力テスト結果

(点) 5月～10月で、150点前後から175点程度まで

> なるほど。たてじくの目もりが0からで、1目もりは20点なのね。

> なんだか目立たないなあ。

↓

> それなら、ちょっといたずらしてみましょう。1目もりの値を5にして、145点からあらわしてみたよ。

> あ、なんか下に波線が入っているぞ！

> それは省略の印。1目もりを小さくすると変化が強調できるの。

3教科合計実力テスト結果

(点) 145～175で、波線入り

> すごい。成績がぐんぐんのびてる感じがでるね。

目もりとじくのトリック②

右側のたてじくに目もりを追加すると、降水量 (mm) と気温 (℃) というように、1つのグラフで2種類のデータをあらわすことができます。

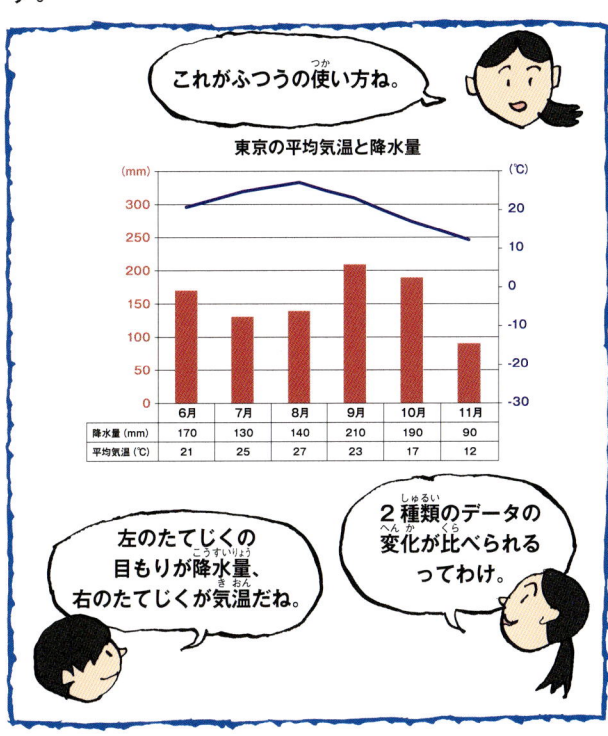

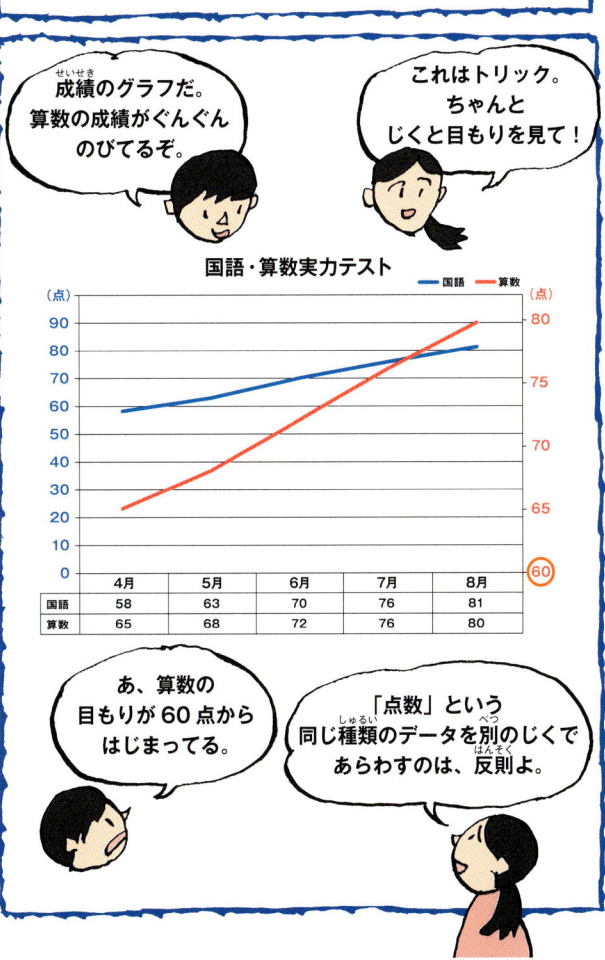

> これがふつうの使い方ね。

東京の平均気温と降水量

	6月	7月	8月	9月	10月	11月
降水量 (mm)	170	130	140	210	190	90
平均気温 (℃)	21	25	27	23	17	12

> 左のたてじくの目もりが降水量、右のたてじくが気温だね。

> 2種類のデータの変化が比べられるってわけ。

> 成績のグラフだ。算数の成績がぐんぐんのびてるぞ。

> これはトリック。ちゃんとじくと目もりを見て！

国語・算数実力テスト

	4月	5月	6月	7月	8月
国語	58	63	70	76	81
算数	65	68	72	76	80

> あ、算数の目もりが60点からはじまってる。

> 「点数」という同じ種類のデータを別のじくであらわすのは、反則よ。

37

不思議なアンケート調査

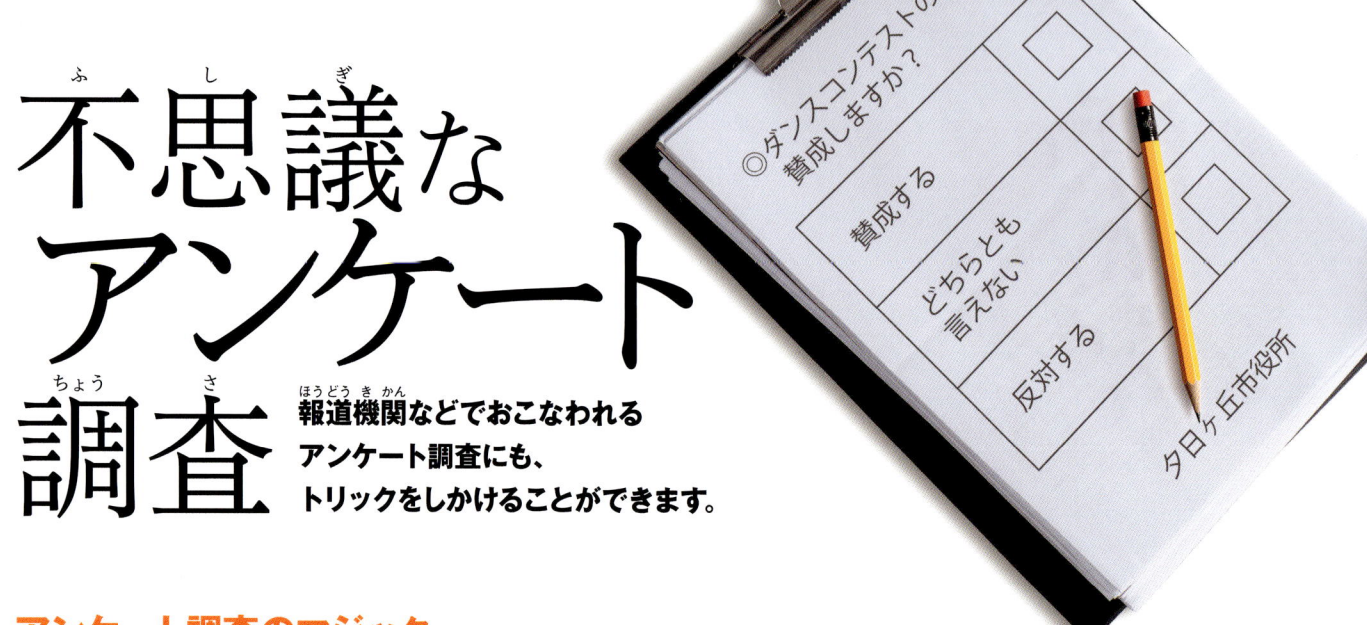

報道機関などでおこなわれるアンケート調査にも、トリックをしかけることができます。

アンケート調査のマジック

夕日ヶ丘市役所は今度の夏休みに市内でおこなわれる予定のダンスコンテストについて、アンケートをとって市民の意見を聞きました。

夕日ヶ丘市では二つのタウン誌が発行されています。1つは昔からの商店街が中心になって発行する「夕焼け日報」、もう1つは住宅地で発行されている「オレンジ新聞」です。

アンケートの結果を受けて2つのタウン誌は、それぞれ次のような見出しで記事を書きました。

アンケートの質問と回答の結果
◎ダンスコンテストの実行に賛成しますか？

賛成する	どちらとも言えない	反対する
43%	38%	19%

オレンジ新聞：「賛成」できない57％！ダンスコンテスト

夕焼け日報：ダンスコンテスト 「反対」はわずか19％！

- え？ちがう結果になってる！
- オレンジ新聞は、「賛成」以外をまとめちゃってる。
- でも、どっちもことばにウソはないよ。
- 夕焼け日報は、「反対」が少ないことを強調してるね。
- まあ、どこの新聞もやってることさ。
- ほんとだ。なんかどっちもずるい。

市内に長く住む元郵便局長さんの分析によると、「夕焼け日報」は商店街がスポンサーになっているので、お客を集められるコンテストに反対はできないだろうということです。

一方「オレンジ新聞」は読者の多くが静かな住宅街に住むので、コンテストの騒音を考えると賛成しようとは書きづらいはずだというのです。

このように、同じアンケート結果でもまったくちがう見出しの記事をつくることができます。見出しにまどわされず、じっさいのアンケートの内容を確かめましょう。

アンケートの質問のしかたに注意

ほかにも次のような結果が出ました。

アンケートの質問と回答の結果

◎会場にはどんな屋台があるといいですか。
次から2つ選んでください。
・焼きそば　・ホットドッグ　・たこやき
・かき氷　・綿あめ　・射的　・金魚すくい

ベスト3の結果

1位	2位	3位
焼きそば	たこやき	ホットドッグ
(430票)	(348票)	(229票)

- ちょっと待って！去年はかき氷がアンケートのトップだったはず。
- 2位は、金魚すくいだったね。どうしてこんなにちがうの？
- 去年のアンケート票を調べてみたらどうだい。

去年のアンケート票

◎会場にはどんな屋台があるといいですか。
次から2つ選んでください。
・焼きそば　・ホットドッグ　・たこやき
・かき氷　・綿あめ　・射的　・金魚すくい

会場は屋外です。熱中症に注意しましょう。

- 同じだけど……。あ、このイラストとセリフ！
- これじゃあ、かき氷が食べたくなるに決まってる！
- おお、これは反則じゃな。

このように、アンケートの内容に関係がありそうな文章、絵、セリフなどが質問の近くにあると、それに影響されて回答が変わってしまうことがよくあります。

たとえば、
・「あなたは『街を平和にする条例』に賛成ですか、反対ですか？」という質問では、

　賛成……64%　という結果だったとします。

これに対し、
・「街の人はみんな平和に暮らしたいと願っています。あなたは『街を平和にする条例』に賛成ですか、反対ですか？」という質問にすると、条例の中身は同じでも

　賛成……89%　というように賛成の人が増えるはずです。

アンケートの文にちょっとしたしかけをすることで、期待する回答を多く引き出すことができるのです。

こんなアンケートに注意！

答える人にかたよりがある

「日本人はもっと肉を食べるべきだと思いますか？」

↓結果

90%以上が反対！

魚屋さんばかりにアンケート

空気を読んで答えてしまう

「どうですか。すばらしい絵だと思いますか？」

↓結果

はい	よくわからない	いいえ
89%	11%	0%

描いた本人の前でアンケート

SNSって何？

気軽に友だちと連絡できるSNS。どのような危険がひそんでいるのでしょうか。

コミュニケーションにひそむウソ

ライン（LINE）、ツイッター（Twitter）やインスタグラム（Instagram）といったサービスで友だちや家族と連絡をとりあっている人も多いでしょう。

このようなサービスはSNS（ソーシャル・ネットワーキング・サービス）とよばれています。インターネットを使って人と人とのつながりを便利に広げていこうというサービスです。

SNSを使うと、電話や郵便やメールの代わりに友だちや家族と自由に連絡しあえるだけでなく、雑誌、テレビ、ウェブサイトなどから、必要な情報を自動的に受け取ったり、こちらの情報を広く世界に発信したりできます。

SNSはうまれて間もないサービスなので、使い方になれていない人も多く、そこではいろいろな問題が発生しています。

なりすまし

SNSが利用できるのは、自分が登録している名前（アカウント）やパスワードを使ってログインという手続きをすませているからです。パスワードをぬすまれてしまうと、知らない人が自分の名前でSNSを使えるようになってしまいます。

> げんき？
> うん、元気だよ。どうしたの？
> たのみがあります。
> めずらしいね、なに？
> 近くのコンビニでゲームのプリペイドカードを買ってください。
> なんだかよそよそしいね。
> こんど会ったときお金はらいます。
> なんで自分で買わないの？ホントに一郎？
> はい、一郎です。
> ウソだ、おかしい！

これは、一郎くんのパスワードがもれて名前が乗っ取られたときのようすです。ケン太くん

が一郎くんだと思って会話をしていたら、じつは知らない人がなりすましていたのです。ゲームや音楽などが買える電子マネーを買わせて、番号を聞き出し、お金にかえようとする詐欺の手口です。

SNSではパスワードなどの大切な情報がもれて、犯罪にまきこまれる危険性がつねにあります。

そのようなことにならないように、本やウェブサイトで対策を調べて、自分の情報をしっかりと管理しておきましょう。もし被害にあったら、警察に届けて、サービスを提供する会社に対策を確認しましょう。

炎上

ツイッターは自分の思ったことを、気軽にインターネットで書きこむことができるサービスです。読んだ人はそのつぶやきを別の人に紹介したり、意見や写真をそえて広めたりすることもできます。

ツイッターは、自分の名前や年齢を明かさずに参加できるので、投稿を続けるうちに気持ちが大きくなってしまうことがあります。中には、世間をびっくりさせるウソを投稿したり、気に入らない人の悪口を言ったりする人もいます。

そんな発言が広まると大さわぎになって、多くの人からの非難が集まります。この状態を「炎上」といい、こうなると関係のないやじうままでが加わって大変なことになります。

ほかの人の名誉を傷つけたり、ウソを広めて他人に迷惑をかけたりすることは犯罪です。インターネット上だからといってゆるされるわけではありません。

たとえ本名をかくしていても調べる方法はいろいろあります。人前で言えないことは、SNSでも言わない。これがSNSのマナーの基本です。

いちろう @ichiro0000
アイドル〇〇を夕日ヶ丘のコンビニで見たよ。たぶん自宅はアソコ。

〇〇〇〇〇 @marumaru0000
どこだ。ほんとうか。

××××× @batsubatsu0000
よし、コンビニ到着。どこ？ いないよ。

△△△△△ @sankaku0000
うそじゃないの？

いちろう @ichiro0000
うそかもねー。

△△△△△ @sankaku0000
なにい？

□□□□□ @shikaku0000
最初の投稿はだれ？ そいつを探せ。

××××× @batsubatsu0000
いまコンビニの店員に聞いてみる。

◆◆◆◆ @hishihishi0000
近所をしらみつぶしだ。

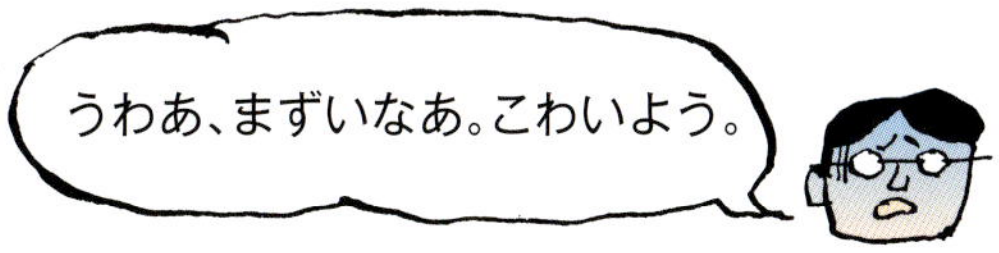

うわあ、まずいなあ。こわいよう。

インターネットの情報とは？

インターネットでは見る人の興味に合わせた情報が表示されるしくみになっています。

人によってちがう検索の結果

　ほしいものがあるときや調べたいことがあるときには、パソコンやタブレット、スマートフォンなどでインターネットにある情報を探すでしょう。知りたいことばや文章を入力して検索すると、関係する情報がすぐに表示されます。世界中の情報がいっしゅんで表示されるので、とても便利です。

　ただし、だれが検索してもその結果は同じかというと、決してそういうわけではありません。

　パソコンなどにはその人が過去にどんなことを検索したか、どこに住んでいるか、ネット通販で何を買ったかなどの記録が残されています。検索をするとその記録も参考にして結果が表示されるのです。

　ですから、「チョコレート」ということばを検索しても、お菓子が好きでいつもつくり方を調べているちづるさんと、パソコンで世界のニュースを見るのが好きなりょう太くんとでは、表示される結果にちがいが出てくるのです。

　わたしたちは、自分にあった情報をすばやく手に入れる代わりに、自分についての情報を検索サービスの会社に渡しているのです。

---

1. チョコレート
2. チョコレート／ロシアでチョコレート製の大統領が登場
3. 変な国だなあ。おいしいのかなあ

1. チョコレート
2. チョコレート／人気のチョコレートケーキ　レシピ集
3. あ、チョコレートケーキのかんたんなつくり方がでていた！

好きな情報だけでいい?

　インターネットでは、テレビよりずっと自由に情報を選ぶことができます。

　テレビを見ているときには、基本的に番組から流れる情報を受け取るだけです。これに対してインターネットではほしい情報を自分で探します。またリンクというしくみによって、文字や絵などをクリックして関連する情報を自分で見て回ることができます。

　自分から情報を探しに行くということは、とても大切なことです。ただし、知っておいてほしいことが3つあります。

　まず1つ目は、インターネットのページには、広告のリンクがたくさんはり付けられているということです。

　2つ目は、パソコンを使っている人の情報などから、その人の好みを分析し、効果がありそうな広告が自動的に表示されるということです。

　3つ目は、そのためにインターネットでは知らず知らずのうちに自分の好きな情報ばかりに囲まれてしまうということです。

　自分に合った情報にばかり接しているので、自分の興味からはずれた情報には接することが少なくなってしまうのです。

　インターネットの世界を見て回ることは、大好きな繁華街を散歩することににています。その中には、本や雑誌、新聞を売る店、古着屋さんなどたくさんのお店があります。周囲は広告の看板だらけです。ゲームセンターや友だちとおしゃべりができる場所もあります。そして、ときどきあやしげな人が声をかけてくることもあります。

　まちの中にまぎれこもうとしても、監視カメラが見ています。

人類は月に行っていない？

あのできごとはなぞの組織による陰謀かも……。
そう思いこむ前に、少し考えてみましょう。

なぜ、事実がひっくりかえるのか

　1969年7月20日、アメリカ合衆国がうち上げた有人宇宙船アポロ11号が月に着陸し、アームストロングとオルドリンの2人の宇宙飛行士が人類史上初めて月面に降り立ちました。その後アメリカは合計6回、人間を月面に運び、その模様はテレビで世界中に中継され何度もニュースになりました。

　ところが人類が月面に着陸したというのはアメリカのつくり話だったという説が流れています。着陸の模様はすべて地球上で撮影されたものだというのです。ライバルのソビエト連邦（現在のロシア）との競争で優位にたったように見せるために、アメリカ政府がたくらんで全世界の人びとを見事にだましましたというのです。その説は本やテレビ番組などで紹介され、今ではインターネットのあちこちのホームページにも書かれています。

　信じられないことや不思議なことがあったときに、大きな組織が秘密のうちに何かをたくらんだ結果だと考えてその原因を説明しようとすることを「陰謀論」といいます。世界のできごとはとても複雑で、一つひとつ真相にせまることは大変です。ところが、正体のわからない「闇の組織」のせいにすると、すっかり説明できる気になってしまうのです。

　陰謀論はいつの時代にも入れかわり立ちかわり生まれてきます。その背景にはものごとを簡単に理解したい人間の心理があるのです。

空の星が写っていない！
↑宇宙飛行士や月面は明るすぎるので光をしぼって写す。そのため小さな星は写らない。

空気がないはずなのに旗がゆれている！
↑空気がないので棒につるされたときのゆれがなかなか止まらなかった。

1972年最後（6度目）の月面着陸を行ったアポロ17号のシュミット飛行士。（NASA）

おかしいと思うこと

　陰謀論は、科学的におかしいという主張とセットで広がることがよくあります。たとえば、アポロの月面探査の場合は、「月面には空気がないはずなのに旗が風でゆれている」とか「空には星が輝いているはずなのに写っていない」などということです。

　科学的におかしく見える点に気がつくと、「ウソだった」という主張にとても説得力がでてきます。

　ところが、それらの問題点には左ページの写真に矢印で書き加えたように、さらに事実に照らした科学的な反論ができることが多いのです。

　ここで考えたいことは、いったい何人がウソをつき続けなければならないのかということです。全世界の人をだますためには、アメリカ政府、NASA（アメリカ航空宇宙局）、スタジオで写真を撮影した人まで、何万人もの人が何年もだまっていなければなりません。

　「アメリカは宇宙人が来ていることをかくしている」とか「世界は〇〇財閥が陰で支配している」など、世の中にはいろいろとあやしい陰謀論があふれています。もしその説がほんとうだとしたら、社会ではほかにどんなことが起こるはずかを考えてみましょう。

　妄想にとらわれる前に、より冷静にふつうの見方で世界を見てみましょう。

---

1 あら、どうしてこのお店のダイコンは右曲がりなの？／そういえば、今回仕入れたのはみんな右曲がりだな。

2 陰謀だわ。この街で売ってるダイコンはみんな左曲がりのはずよ。

3 あの電柱の陰にいるのは、アメリカの……。／秘密結社の男だわ。／な、な、なんの陰謀なんだ。

4 堂どうと受けて立つのよ、やおやさん。／勝負のときだわ！

5 いったい何なんだ！やめてくれえ。

6 え？ひっくり返せば左曲がりに並ぶけど……。

さくいん

あ

アームストロング	44
アポロ11号	44
アメリカ	18・19・29・36・44・45
アメリカ航空宇宙局	45
アンケート	38・39
イソップ童話	22
イメージ	5・9・15・21・24
インスタグラム	40
インターネット	15・32・40・41・42・43・44
陰謀論	44・45
ウェブサイト	40
ウソ	8・22・23・34・36・38・40・41・45
ウソも方便	23
宇宙人	15・16
占い師	27
エッフェル塔	28・29
円グラフ	36
演出	35
炎上	41
オオカミ少年	22
オーソン・ウェルズ	19
オルドリン	44
折れ線グラフ	36

か

カウンセラー	27
確証バイアス	30
火星人	18・19
肩書き	30
ガリレオ・ガリレイ	14
がん細胞	24
クレーム	33
ゲーム脳	12
血液型	6・7
結晶	10・11
月面	44・45
検索	42
検察官	27
広告	33・43
厚生労働省	24
石高	25
コペルニクス	14
コレステロール	9
コントロール実験	11

さ

詐欺師	28・29
雑誌	6・15・16・32・33・40
酸性雨	24
ジハイドロジェン・モノオキサイド	24・25
死亡率	36
少年犯罪	34
スポンサー	38
スマートフォン	42
性格診断	7
正義感	30
セールスマン	27
世界保健機関	24
ソーシャル・ネットワーキング・サービス	40
ソビエト連邦	44

た

ダイエット	8
対照実験(たいしょうじっけん)	11・16
タブレット	42
ダンスコンテスト	38
地球温暖化(ちきゅうおんだんか)	33
ツイッター	40
テレビ	8・9・12・15・18・19・34・35・36・40・43・44
伝言(でんごん)ゲーム	20
電子(でんし)マネー	41
ドキュメンタリー	35

な

ニセ科学	15・16
捏造(ねつぞう)	35
脳(のう)トレ	13
脳波(のうは)	12・13

は

肺(はい)がん	36
パスワード	41
パソコン	42
パニック	19
パリ	28
万国博覧会(ばんこくはくらんかい)	28
ビクトル・ルースティヒ伯爵(はくしゃく)	29
複合(ふくごう)グラフ	36
プライド	30
フランス	28
弁護士(べんごし)	27
棒(ぼう)グラフ	36
ホームページ	44

ま

マイナスイオン	4・5
未成年(みせいねん)	34
見出し	32・38

や

闇(やみ)の組織(そしき)	44
やらせ	35

ら

ライバル	30
ライン	40
ラジオ	18・19
ロシア	44

A～Z

DHMO(ディーエイチエムオー)	24・25
NASA(ナサ)	45
SNS(エスエヌエス)	40

よく考えて!
説明のトリック
情報・ニセ科学

ウソ？ ホント？
―トリックを見やぶれ―
全3巻

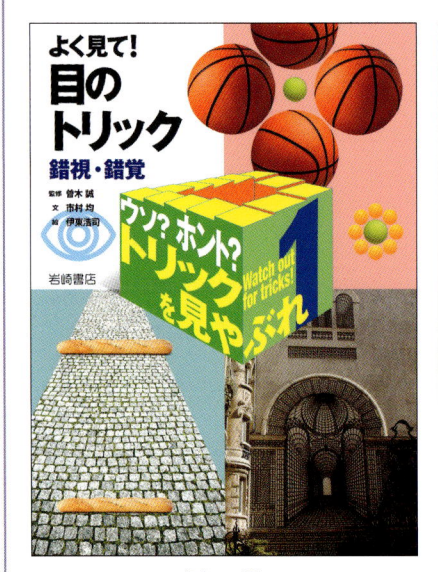

第1巻
よく見て！ 目のトリック
……錯視・錯覚

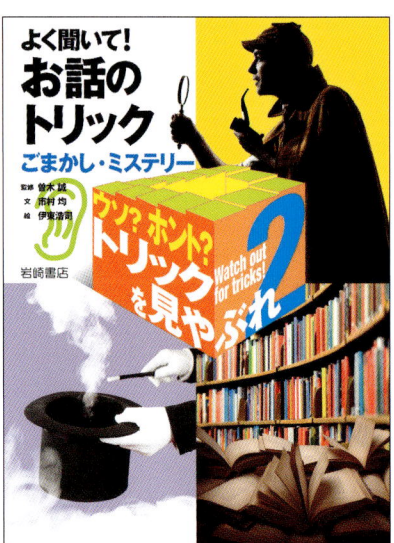

第2巻
よく聞いて！ お話のトリック
……ごまかし・ミステリー

第3巻
よく考えて！ 説明のトリック
……情報・ニセ科学

ウソ？ ホント？　トリックを見やぶれ
③　よく考えて！ 説明のトリック……情報・ニセ科学

| 2016年3月31日 | 第1刷発行 |
| 2023年2月15日 | 第5刷発行 |

監修　曽木 誠
文　　市村 均
絵　　伊東浩司

発行者　小松崎敬子
発行所　株式会社 岩崎書店
　　　　〒112-0005　東京都文京区水道1-9-2
　　　　電話 03-3812-9131（営業）　03-3813-5526（編集）
　　　　振替 00170-5-96822
印刷所　株式会社 光陽メディア
製本所　大村製本株式会社

ISBN 978-4-265-08513-2
NDC 360
48p 29cm
©2016　Hitoshi Ichimura & Koji Ito
Printed in Japan

■ご意見、ご感想をお寄せ下さい。
E-mail : info @ iwasakishoten.co.jp
■岩崎書店ホームページ
https://www.iwasakishoten.co.jp

落丁本、乱丁本はおとりかえします。
本書のコピー、スキャン、デジタル化等の無断複製は著作権法上での例外を除き禁じられています。本書を代行業者等の第三者に依頼してスキャンやデジタル化することは、たとえ個人や家庭内での利用であっても一切認められておりません。朗読や読み聞かせ動画の無断での配信も著作権法で禁じられています。
ご利用を希望される場合には、著作物利用の申請が必要となりますのでご注意ください。
「岩崎書店　著作物の利用について」https://www.iwasakishoten.co.jp/news/n10454.html

監修◎曽木 誠（そぎ まこと）

東京都出身。東京都公立小学校教員として三鷹市・練馬区・中野区を歴任し、現在杉並区立の小学校で主幹教諭を務める。東京都小学校視聴覚教育研究会研究推進副委員長として、視聴覚教育総合全国大会でも数多くの実践発表を行う。子どもとメディアとの関わりについて研究をすすめ、メディアリテラシーを高めていけるようさまざまな取り組みを行っている。

構成・文◎市村 均（いちむら ひとし）

1956年生まれ。ライター。小学生・中学生向けの書籍や参考書を執筆。とくに自然科学や教育系の記事を得意とする。執筆した書籍には、『なるほどナットク"自然現象"（全5巻）』（学研）、『学習に役立つ！ なるほど新聞活用術（全3巻）』（岩崎書店、2013年）、『ビジュアル理科事典』（学研プラス、2015年）、『わたしたちのくらしと日本国憲法（全3巻）』（岩崎書店、2015年）など。

絵◎伊東 浩司（いとう こうじ）

1965年生まれ。2001年までデザイン事務所K2に勤務。以降はフリーランスのデザイナー・イラストレーターとして活動。『資源の本（全5巻）』（岩崎書店、2003年）『学習に役立つ！ なるほど新聞活用術（全3巻）』（岩崎書店、2013年）、『わたしたちのくらしと日本国憲法（全3巻）』（岩崎書店、2015年）のイラスト・デザインを担当。

装丁・デザイン　伊東浩司
編集　（有）きんずオフィス

表紙 アポロ11号写真
NASA/Neil A.Armstrong

参考にした本やウェブページ

『水の常識ウソホント77』左巻健男（平凡社新書）
『もうダマされないための「科学」講義』菊池誠・松永和紀ほか（光文社新書）
『ニセ科学を見抜くセンス』左巻健男（新日本出版社）
『騙しの天才 世界贋作物語』桐生操（NTT出版）
『錯覚の科学』菊池聡（放送大学教育振興会）
「ニセ科学とつきあうために」菊池誠（大阪大学サイバーメディアセンター）
http://www.cp.cmc.osaka-u.ac.jp/~kikuchi/nisekagaku/nisekagaku_memo091102.pdf
「脳科学入門 4回脳の迷信」藤田一郎（大阪大学）
http://www2.bpe.es.osaka-u.ac.jp/courses/neuroscience2010/2010neuroscience4.pdf
「ニセ科学判定ガイドライン試案」山形大学理学部物質生命化学科　天羽研究室
http://www.cml-office.org/
「疑似科学とされるものの科学性評定サイト」明治大学コミュニケーション研究所
http://www.sciencecomlabo.jp/

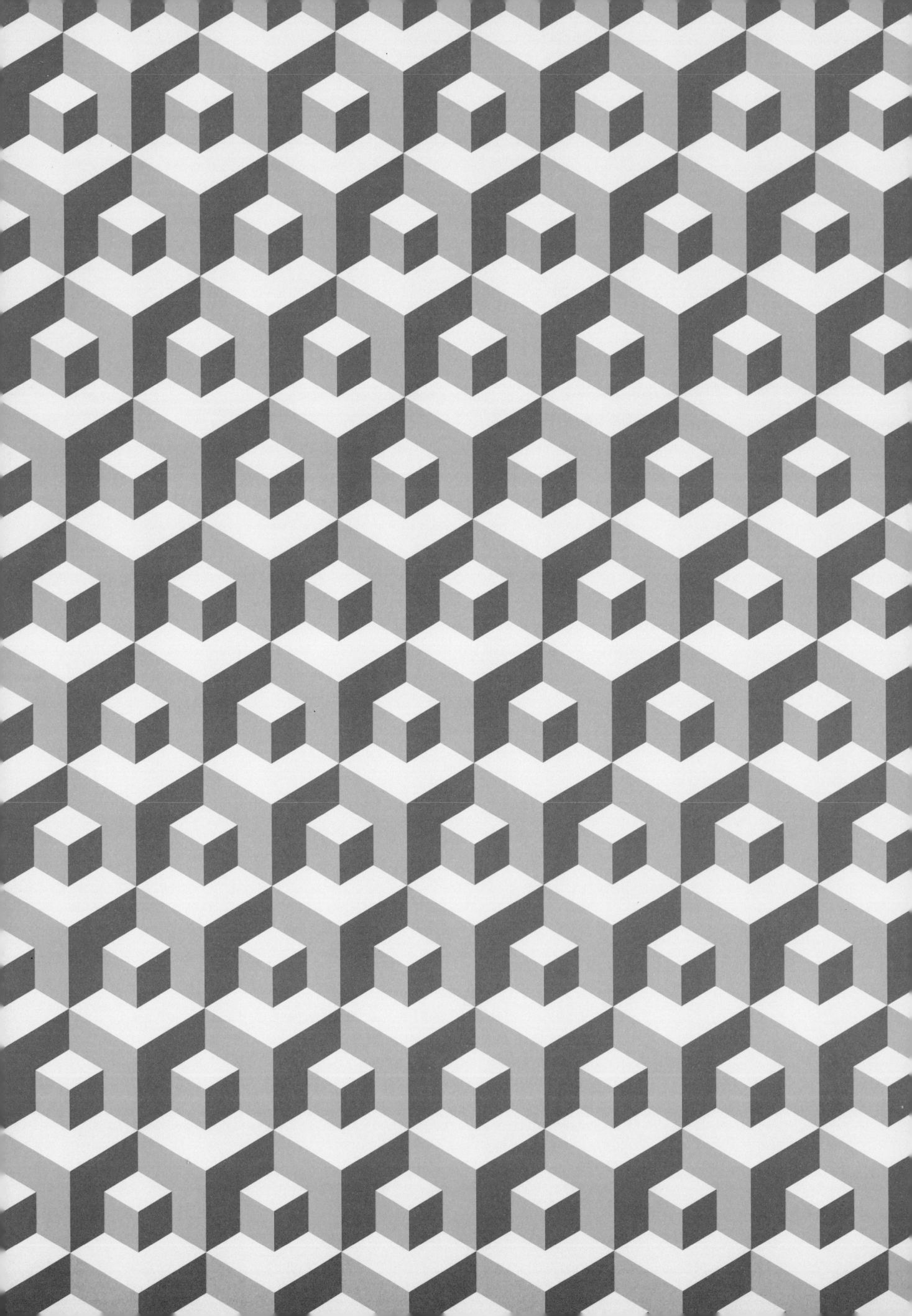